글,그림 안나 피스케

1964년 스웨덴에서 태어났으며, 현재는 노르웨이에 거주하고 있는 만화가다. 스톡홀름의 콘스팍 디자인 대학교에서 그래픽 디자인과 일러스트레이션을 공부하였으며, 1992년부터 만화가 및 일러스트레이터로 활동하고 있다. 노르웨이 문화부에서 선정한 '올해의 가장 아름다운 책', '오슬로 시 문화상' 등 다수의 수상 경력이 있으며, 장애인을 위한 양질의 서적 개발에도 기여해 왔다. 현재 일러스트레이터 그룹 〈Illustrators〉의 멤버로 활동 중이며 오슬로에서 만화가 남편 라르스 피스케와 함께 살고 있다.

옮김 이유진

한국외국어대학교 스칸디나비아어과에서 노르웨이어와 덴마크어, 스웨덴어를 공부하고, 동 대학원 영어영문학과와 스웨덴 스톡홀름 대학교 문화미학과에서 문학석사 학위를 받았다. 옮긴 책으로 『내 안의 새는 원하는 곳으로 날아간다』, 『터널』, 『오직 토끼하고만 나눈 나의 열네 살 이야기』, 『시간을 지키다』, 『나에 관한 연구』, 『바보 야쿠프』, 『어른이 되면 괜찮을까요?』, 『리비에라에 간 무민 가족』, 토베 얀손 원작 그림책 4종, 토베 얀손 연작소설 『혜성이 다가온다』, 『마법사가 잃어버린 모자』, 『보이지 않는 아이』 등이 있다.

집단상담, 타인을 통해 나를 마주하는 힘

1판 1쇄 인쇄 2018년 10월 24일 | 1판 1쇄 발행 2018년 11월 7일

지은이 | 안나 피스케   옮긴이 | 이유진
펴낸이 | 한소원   펴낸곳 | 우리나비

등록 | 2013년 10월 25일(제387-2013-000056호)
주소 | 경기도 부천시 원미구 원미로 18번길 11
전화 | 070-8879-7093   팩스 | 02-6455-0384
이메일 | michel61@naver.com

ISBN 979-11-86843-28-4 07330
★ 책값은 뒤표지에 있습니다.

이 도서의 국립중앙도서관 출판예정도서목록(CIP)은 서지정보유통지원시스템 홈페이지(http://seoji.nl.go.kr)와
국가자료종합목록시스템(http://www.nl.go.kr/kolisnet)에서 이용하실 수 있습니다. (CIP제어번호 : CIP2018033906)

GRUPPA text & illustrations by Anna Fiske
Copyright ⓒ ANNA FISKE & NO COMPRENDO PRESS AS, Oslo, 2014
First published by NO COMPRENDO PRESS, Norway.
All rights reserved.

Korean translation copyright ⓒ Woorinabi Publishing Co., 2018
This edition was published by arrangement with NO COMPRENDO PRESS AS, Oslo, Norway,
through HAN Agency Co., Korea.

이 책의 한국어판 저작권은 한에이전시를 통해 저작권자와의 독점계약으로 우리나비에 있습니다.
저작권법에 의해 한국 내에서 보호를 받는 저작물이므로 무단 전재와 무단복제를 금합니다.

This translation has been published with the
financial support of NORLA

집단상담
타인을 통해
나를 마주하는 힘

안나 피스케 지음 이유진 옮김

우리나비

36주

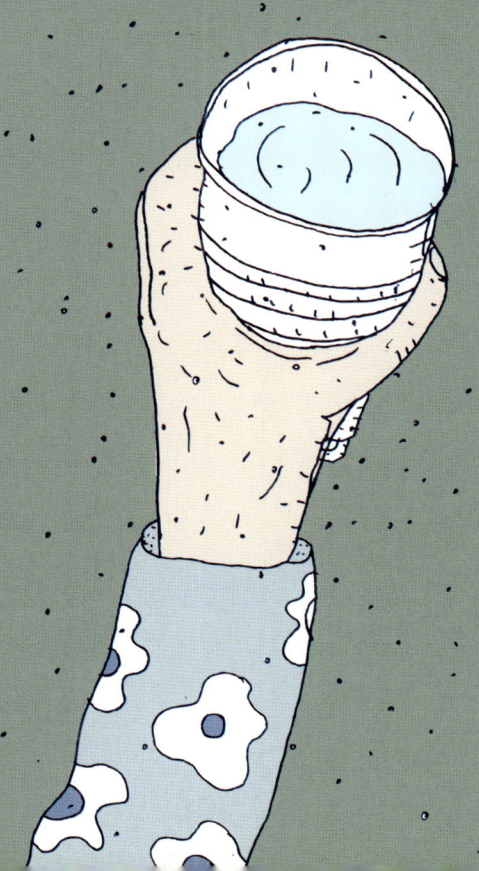

마리

37주

페트

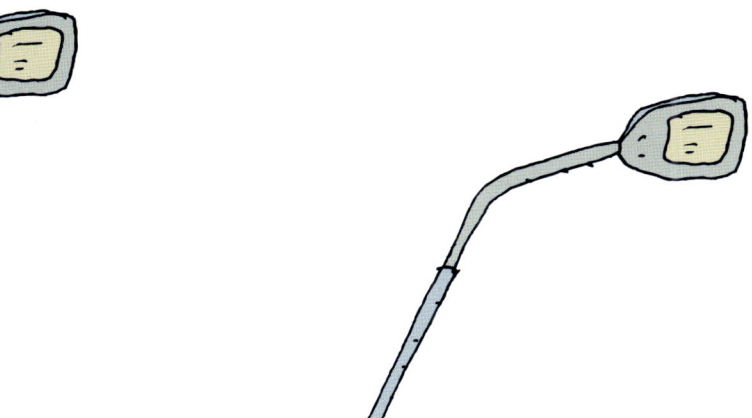

38주

그레테

39주

흥!

우리 딸이 또 놀러 왔어요. 정말 자주 와요.

좋지만, 가고 나면 참 적막하고 허전해져요.

네, 누군가 왔다가 가고 나면 마음이 허전하기 합니다.

누구라도 온다는 걸 기쁘게 생각해야죠.

네, 그렇긴 하죠.

이제 거의 마흔인데, 시간만 흐르고. 이 나이에 남은 남자들은 죄다 별로예요.

스테이나르

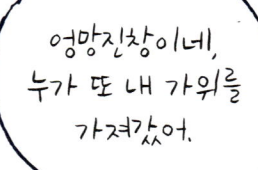

40주

시뷰

4주

42주